새는 왜 울까?

POURQUOI LES OISEAUX CHANTENT-ILS?

by Vincent Bretanolle

민음 바칼로레아 054

새는
왜 울까?

뱅상 브르타뇰 ┃ 유정칠 감수 ┃ 정은비 옮김

● 일러두기

1 본문 가장자리에 있는 사과 🍎 는 이 책을 통해 반드시 이해해야 하는
  핵심 개념을 표시한 것입니다.
2 본문 아래쪽의 주는 독자들이 본문 내용을 쉽게 이해할 수 있도록 한국어판에 특별히 붙인 것입니다.
3 인명 및 지명 표기는 한글 맞춤법 통일안 및 외래어 표기 규정을 따랐습니다.
4 본문에 사용한 부호 및 기호의 뜻은 다음과 같습니다.
    ― 전집, 단행본: 『 』
    ― 신문, 잡지: 〈 〉
    ― 개별 작품, 논문, 기사: 「 」

차례

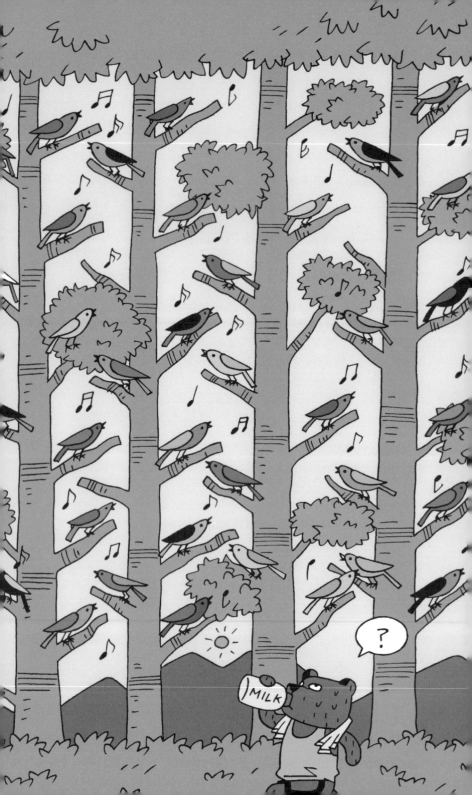

질문 : 새는 왜 울까?

우리는 어디에서든 새가 지저귀는 소리를 들을 수 있다. 새의 노랫소리가 들리지 않는 봄날은 상상조차 할 수 없으며, 이는 번잡한 대도시에서도 마찬가지다. 예로부터 가지각색 아름다운 새소리는 많은 작가, 음악가, 시인 들에게 영감의 원천이 되어 왔다. 또한 과학자들은 새의 다양한 울음소리에 흥미를 느껴 연구 대상으로 삼기도 했다. 최근 몇 십 년간 괄목할 만한 발전을 이룬 **동물 행동학***에서도 새소리, 곧 새의 의사소통에 관한 연구가 두드러진 성과를 남겼다.

그러나 20세기 중반까지만 해도 새소리에 대해서는 거의 알려진 바가 없었다. 새소리를 객관적으로 측정하고 기록할 수 있는 수단이 없었기 때문이다. 새소리와 관련한 신경 생리학적 메커니즘은 사실상 밝혀지지 않았고, 무엇보다 그 생물학적 기능 또한 미스터리로 남아 있었다.

사람들은 흔히 새가 기분이 좋아서 지저귄다고 생각한다. 그러나 이러한 일반적인 생각과 달리 새는 즐거워서 지저귀는 것이 아니다. 왜냐하면 지저귐, 즉 울음은 많은 에너지를 소모하며, 그만큼 값비싼 대가를 치르는 일이기 때문이다. 따라서 거기엔 그 대가를 치를 만한 이득이 반드시 따르기 마련이다. 본문에서 자세히 다루겠지만 실제로 새의 울음에는 소모되는 에너지에 걸맞은 여러 가지 생물학적 기능들이 있다.

이것은 지난 30여 년간의 동물 행동학 연구로 드러난 사실이다. 이와 같은 과학적인 연구들은 새의 놀라운 인지 능력 또한 밝혀냈으며, 이를 통해 어쩌면 우리는 언어의 발생과 진화에 관한 비밀에 한 발짝 다가섰는지도 모른다.

먼저 간단한 예를 통해 앞으로 다룰 문제들을 가볍게 살펴

● ● ●

동물 행동학 주로 관찰을 통해 동물의 특정한 본능이나 행동이 나타나게 된 원인이 무엇이며, 어떻게 발달하고 진화하여 그 개체의 생존과 번식에 영향을 미치는지 연구하는 생물학의 한 분야. 멸종 위기에 처한 종에 대한 보호 방안 마련뿐만 아니라 철새나 동물들이 옮기는 전염병에 대한 통제 등 여러 분야에 적용될 수 있는 새로운 학문이다. 현재 심리학, 경제학, 교육학 등 다양한 학문 분야에 접목되어 그 영향력을 넓혀 나가고 있다.

보도록 하자. 이를테면 명금류° 중에서도 특히 아름다운 울음소리를 자랑하는 검은지빠귀°의 경우를 생각해 볼 수 있다. 그중에서도 가장 친숙한 상황을 떠올려 보자. 수컷 지빠귀 한 마리가 아름다운 소리로 우는 봄날의 하루처럼 말이다. 수컷 지빠귀는 둥지를 트는 계절의 초입에 거의 모든 시간을 우는 데 보낸다. 이 시기에 수컷은 대개 이른 아침 작은 나무의 꼭대기나 가지 끝에 앉아 있다.(도시에서 서식하는 많은 지빠귀는 지붕이나 텔레비전 안테나를 주로 이용한다.)

쌀쌀한 3월의 날이 채 밝지 않은 어느 날 아침, 수컷 지빠귀 한 마리의 울음소리가 울려 퍼진다. 몇 초 후 곧 다른 수컷 한 마리가 똑같이 휘파람 소리를 내며 울기 시작한다.

이들의 울음소리는 과연 각자의 '독백'일까? 그렇지 않은 것 같다. 왜냐하면 두 마리의 새가 마치 서로 소리를 주고받는

● ● ●

명금류 분류학상으로는 참새목이라 하며, 대부분 울대가 잘 발달되어 있어 아름답고 다양한 울음소리를 내기 때문에 명금류(鳴禽類)라고 부른다. 전 세계에 걸쳐 분포하며 우리나라에서도 흔히 볼 수 있는 참새, 종다리, 제비, 울새, 박새, 꾀꼬리 등이 여기에 속한다.
검은지빠귀 참새목 딱샛과의 새. 주로 일본과 중국에서 서식하며, 겨울을 나기 위해 남쪽으로 이동할 때 우리나라를 지나는 나그네새이다. 일명 검은티티라고도 한다.

것처럼 보이기 때문이다. 그렇다면 '대화'일까? 여기에 대한 대답은 본문에서 곧 살펴볼 수 있을 것이다. 어쨌든 날이 밝아 오면서 이내 여러 수컷 지빠귀들이 한꺼번에 아름다운 소리로 울기 시작한다. 이는 공간과 시간 속에서 상호 작용하는 역동적인 생태계의 모습을 보여 준다.

세심한 관찰자라면, 여러 지빠귀 사이에서 유독 어떤 한 마리 가까이에 붙어 있으면서 다른 지빠귀들에 비해 눈에 띄게 윤기 없는 깃털을 가진 새를 발견할 수 있을 것이다. 조용하고 조심성 있는 이 새는 지빠귀 암컷이다. 암컷이 나타나자 수컷은 거의 알아차릴 수 없을 정도로 미세하게 행동을 바꾼다. 울음소리의 리듬이 빨라지면서 더 길고 복잡해진다. 그러다 갑자기 이웃한 수컷과 싸움이 붙는다. 그러나 얼마 안 가 다시 각자 우는 것에 집중한다. 잠시 후 지빠귀 암컷과 크기나 색깔이 유사한 꾀꼬리 한 마리가, 그다음에는 찌르레기 한 마리가 지빠귀 수컷들에게 접근하지만 수컷들은 무관심한 태도로 일관한다. 그러자 이 암컷들은 다른 수컷을 찾아 떠난다.

이내 지평선 위로 해가 솟아오르면서 울음소리가 잦아들고, 지빠귀들은 나뭇가지에서 햇볕을 쬐며 몸을 따뜻하게 덥히거나 깃털을 골라 청결히 한다. 그런 다음 잔디나 초원으로 나가 식물의 작은 열매, 곤충, 지렁이 같은 조그만 무척추동물을 먹이로 섭취한다.

지금까지 주요 관심 대상인 검은지빠귀 외에도 다양한 종의 새들과 각각의 개체군을 구성하는 여러 동물들이 하나 둘씩 우리 이야기 무대에 등장했다. 앞서 묘사한 내용은 지빠귀에만 국한되는 독특하거나 특별한 것이 결코 아니다. 전체 조류의 상당수를 차지하며 도시나 교외, 농경지나 숲 속 어디서나 볼 수 있는 다른 명금류의 경우도 마찬가지다.

과학자들은 해 뜨기 직전 끊임없이 이어지는 이 유쾌한 소란을 **아침의 합창**이라 부른다. 이 현상은 장관을 이룬다. 숲 속 🍎 에서 해가 뜨기 전 약 한 시간 동안 수백 마리의 새들이 연달아 지저귄다. 이 소리는 노래라기보다는 '백색잡음'●에 더 가깝다. 그러다 어느 순간 모든 소리가 잦아들고 숲은 다시 고요해진다. 사실 새들은 낮에도 저녁에도 계속 지저귈 것이다. 그러나 그와 같은 절정에 도달하는 것은 이른 아침뿐이다. 이는 온대 지방뿐만 아니라 최소한이긴 하지만 열대 지방에서도 나타나는 공통적인 현상이다.

●●●

백색잡음 마치 안테나가 끊긴 텔레비전 수상기처럼 0에서 무한대까지 주파수 성분이 같은 세기로 분포되어 있어 일정한 구조가 없는 소리를 가리킨다.

모든 사람들이 지구상의 어느 곳에서나 매년 관찰할 수 있는 이러한 광경만큼 일상적인 것이 또 있을까? 그러나 이 간단한 관찰은 과학자들에게 여러 가지 의문을 불러일으켰다.

첫째, 왜 우는 것일까? 새들 중에서도 울음소리를 내지 않는 수많은 종이 존재하며, 그 새들이 울지 못한다고 해서 특별히 고통을 받는 것처럼 보이지도 않는다.

둘째, 왜 다 자란 수컷만이 우는 것일까? 반면 왜 암컷은 몇몇 드문 경우를 제외하고는 울지 않을까? 우리는 앞서 암컷이 수컷에 비해 조용하고 조심성 있다고 이야기했다. 그런데 왜 암컷만이 그러한 성향을 가질까? 이 사실이 암컷과 수컷 사이에 놓인 넘어설 수 없는 '특수한 장벽'의 존재를 의미하는 것일까?

셋째, 모든 수컷의 울음소리가 암컷을 유혹하는 데 동일한 힘을 갖는 것일까? 일반적인 생각과는 달리 수컷이 아니라 암컷끼리 서로 경쟁하는 것은 아닐까?

넷째, 새들이 그토록 아침 일찍, 심지어 해가 뜨기도 전에 울기 시작하는 이유가 무엇일까? 그리고 왜 그 소리가 아침의 합창으로 바뀌는 것일까?

우리는 지금부터 새의 울음소리에 귀를 기울이며 이 질문들에 대한 해답을 하나하나 찾아가도록 할 것이다.

1

새의 **의사소통**을
어떻게 연구할까?

의사소통이란 무엇인가?

"한 새가 울면 같은 종의 다른 새들이 이 소리를 듣는다."

이와 같이 간단하게 의사소통을 정의해 볼 수 있다. 동물의 의사소통은 신호, 발신자, 수신자라는 세 명의 배우들로 이루어진 연극이다.

발신자는 신호를 만들어 내는 개체*이다. 이때 **신호**란 발신자가 주위에 전달하고자 하는 메시지의 물리적인 매개체이다. 항상은 아니지만 대부분의 경우 이 메시지는 동일한 종의 개체에 보내는 것이다. 이들이 바로 **수신자**이다. 수신자는 메시지의

● ● ●

개체 생존을 위한 구조와 기능을 가진 하나의 독립된 생물체. 여러 개체가 모여 개체군 또는 종을 이룬다.

의미를 해독하고, 경우에 따라 무시하거나 접근, 도망, 공격 등의 반응을 보인다. 따라서 신호란 발신자에게는 메시지를 뜻하며 수신자에게는 의미를 가리키는 것이다.

여기서 메시지와 의미는 서로 구별되어야 한다. 왜냐하면이 둘 사이에는 필연적인 차이가 존재하기 때문이다. 다음 설명을 보면 메시지와 의미가 반드시 구별되어야 하는 이유를 알수 있다.

첫째, 신호는 전달되는 과정에서 주변 환경에 의해 물리적인 손상을 입을 수 있다. 공기를 통해 전달되는 소리나 시각 신호는 다른 소리나 장애물 등의 환경적 요인에 의해 방해를 받을 수 있다. 그리고 이는 발신된 신호의 물리적인 특성이 변질되는 즉각적인 결과로 이어진다. 특히 장거리 의사소통의 경우 굴절, 회절,* 반사 작용으로 인해 신호가 아예 들리지 않거나 알아보기 어렵게 될 수도 있다.

둘째, 신호가 예정된 수신자에게 도달하지 못하거나 전혀 의도하지 않았던 수신자에게 전달될 수도 있다. 실제로 많은 육식 동물이 그것의 먹잇감이 보내는 신호를 감지하고 위치를

● ● ●

회절 음파나 전파 따위의 파동 일부가 장애물에 차단되었을 때, 그 주변의 일정 범위를 휘돌아 전파되는 현상.

파악해 사냥을 하기도 한다.

이 두 경우에 메시지 전송을 통한 의사소통 행위는 발신자에게 있어 명백하게 잠재적인 위험을 내포하고 있다. 그러나 많은 동물들이 최악의 경우 목숨을 잃을 수도 있는 위험을 감수하고서라도 의사소통을 위해 신호를 보낸다. 의사소통을 함으로써 얻을 수 있는 이득이 그만큼 크기 때문이다. 이와 같이 어느 정도의 희생을 통해 얻는 이익, 즉 '대가'의 개념은 동물의 의사소통 연구에서 매우 핵심적인 부분이다.

행동 생태학이란 무엇인가?

의사소통은 동물 행동학자들의 주요 관심 분야이다. 동물 행동학은 1973년 니콜라스 틴버겐,* 콘라트 로렌츠,* 카를 폰 프리슈*가 동물의 행동 유형을 연구하여 노벨 생리 의학상을 공동 수상함으로써 학계에서 공식적으로 인정받게 된다. 동물

● ● ●

니콜라스 틴버겐(1907~1988) 네덜란드 태생 영국의 동물학자. 콘라트 로렌츠와 함께 비교 행동학을 창설하였다. 현장에서의 관찰과 실험을 중요시했으며, 특히 동물의 구애 행동이나 사회 행동의 작동 메커니즘을 밝히는 데 관심을 기울였다. 대표적인 저서로는 『본능의 연구』, 『동물의 사회 행동』 등이 있다.

행동학은 1950년에야 비로소 등장하여 역사적인 의미에서 볼 때 '현대' 학문이다. 하지만 진화론과 마찬가지로 자연주의적 사고에 기반하고 있어서, 분자 생물학*이 지배하던 20세기 후반의 생물학계 시류에 반하는 것이었다.

오늘날 동물 행동학은 **행동 생태학**이라는 새로운 학문을 낳았다. 행동 생태학은 동물 행동학에 **생태학***과 **진화**에 관한 연구를 결합한 것이다. 그 이름에서 알 수 있듯이 이 새로운 학문은 환경(생태와 진화)과 연구 주제를 따로 떼어 내 생각할 수 없는 것으로 보고, 동물 행동학보다 한층 더 긴밀하게 그 둘을 통

● ● ●

콘라트 로렌츠(1903~1989) 오스트리아의 동물학자이자 동물 심리학자. 자연 속에서 수많은 동물들과 함께 생활하며 비교 행동 연구에 몰두했다. 갓 태어난 새끼 기러기가 처음 본 물건을 제 어미로 착각한다는 '각인 현상'의 발견자이자 세계적인 동물 에세이 『솔로몬의 반지』의 저자이기도 하다.

카를 폰 프리슈(1886~1982) 오스트리아의 동물학자. 뮌헨 대학교 등의 교수로 재직할 당시 물고기의 감각에 대해 연구했다. 또한 꿀벌의 감각과 의사소통에 대해서 획기적인 연구 성과를 남겼다. 특히 꿀벌이 원을 그리거나 꼬리를 흔드는 행동으로 동족에게 꿀이 있는 위치를 알려 준다는 사실을 처음 밝혀냈다.

분자 생물학 유전자의 기본 단위인 DNA의 구조와 특성을 바탕으로 유전과 진화의 메커니즘 및 생물체의 다양한 생명 현상을 설명하는 생물학의 한 분과. 1940~50년대, DNA의 이중 나선 구조를 밝혀내는 등의 유전 공학적 연구 성과에 힘입어 현대 생물학의 주류로 자리 잡았다.

생태학 생물과 환경의 관계 및 생물들 사이의 상호 영향을 연구하는 생물학의 한 분야. 최근에는 생물 다양성 보전이나 자연보호를 위한 연구 등에 폭넓게 응용되고 있다.

합하고 있다. 하지만 동물 행동학의 강점인 심리학 또는 사회학과의 연계성은 보전하였다. 이로써 인간 사회와 생물에 대한 또 하나의 새롭고도 포괄적인 시각이 등장한 셈이다.

행동 생태학은 동물의 행동이 자연선택*에 따른 적응을 거치며 형성된다는 가정에 기반을 두고 있다. 형태학*적 특징들이나 다른 모든 **표현형***과 마찬가지로 말이다. 여기서 표현형이란 개체가 가진 **유전자형***의 발현을 의미한다. 이를테면 '파란 눈'이라는 표현형은 눈의 색깔을 코드화하는 여러 대립 유전자* 중 하나가 발현된 것이다.

예를 들어 북극이나 겨울 산처럼 눈이 많은 환경에서는 자

● ● ●

자연선택 다윈이 주창한 진화론에서 가장 핵심적인 개념이다. 다윈에 따르면 생물은 주변 환경에 적응하여 살아남기 위해 다른 개체나 종과 경쟁하며 여러 변이를 일으킨다. 그중에서 생존과 번식에 더 유리한 형질들만 남아 후대로 전해지는데, 이것이 바로 자연선택이다. 반대로 환경에 적응하지 못하거나 불리한 형질을 가진 개체는 진화의 과정에서 도태된다.

형태학 생물체의 겉모습 또는 내부 구조에 대한 법칙성을 연구하는 생물학의 분야로, 조직학, 세포학, 해부학, 발생학 등으로 나뉜다. 여기서 형태학적 특징들이란 개체를 구성하는 세포, 조직, 장기 등의 요소를 일컫는다.

표현형 유전학에서 개체의 형질을 표현하는 두 가지 대비되는 개념. 표현형은 생물의 겉으로 드러나는 여러 가지 특성, 즉 키, 색깔, 모양 등의 물리적인 특성과 행동이나 반응같이 관찰 가능한 특성 등을 가리킨다.

유전자형 부모로부터 물려받은 한 개체의 유전적 구성을 말하며, 모든 개체는 각각 고유한 유전자형을 가지고 있다.

연선택에 따라 토끼, 여우, 뇌조 등이 하얀색 털이나 깃털을 가지게 된다. 그 같은 환경에서는 흰 깃털 또는 털을 가지고 있는 개체들이 위장에 더 능하고, 따라서 생존에 더 유리하기 때문이다. 이런 까닭에 처음에는 동물의 털이나 깃털이 어두운 색을 띠었을지라도 점차 흰색으로 변화했을 것이다.

요컨대 행동 생태학에서 말하는 동물의 행동은 개체의 자손들이 이어 온 긴 진화의 역사가 낳은 결실이다. 또한 그 특징은 가장 많은 후손을 생산한 개체의 선별 과정을 통해 점차 형성된 것이다.(물론 이는 문제가 되는 행동의 특징이 유전적 또는 문화적 경로를 통해 조상으로부터 후손에 전달된다는 가정에 기초한 것이다.)

진화론과 통합된 행동 생태학은 새로운 관점을 제시한다. 왜냐하면 그것은 이미 관찰된 현상을 설명할 뿐 아니라 새로운 예측까지 가능하게 해 주기 때문이다. 이는 과학의 진보 그 자체이다. 행동 생태학 덕분에 동물의 행동이 환경의 제약 속에서 어떻게 그리고 왜 진화해 왔는지를 추측할 수 있게 된 것이

● ● ●

대립 유전자 상동 염색체에서 서로 대응하는 부분, 즉 서로 같은 유전자좌를 점유하는 유전자. 쌍을 이루어 나타나며 한 형질의 발현에 여러 개의 대립 유전자가 관여하기도 한다.

다. 그리고 과학자들은 이를 통해 자신들의 이론을 확인하거나 수정할 수 있는 실험적인 접근이 가능하게 되었다.

동물의 행동은 어떻게 연구할까?

한 유명한 과학 논문에서 영국의 동물 행동학자 니콜라스 틴버겐은 동물 행동학 연구 프로그램의 임무와 진행 방향을 정립했다. 그는 여기에서 동물의 주어진 행동을 분석할 때 생물학자들이 자문해야 할 네 가지 유형의 큰 질문을 제시했다. 이는 주로 실험과 비교 분석적인 접근에 바탕을 둔 것이다. 네 가지 질문은 행동의 메커니즘과 개체 발생˚, 기능과 진화로 요약할 수 있다.

행동의 메커니즘과 개체 발생은 **근접 요인**(또는 기계론적인 요인)이라는 이름으로 다시 묶을 수 있다. 동물 행동학자들은 특정한 행동의 근원이 되는 내적 메커니즘에 대해 질문하게 된다. 여기서 '내적'이란 말은 검토 중인 현상이 유기체 또는 개

● ● ●

개체 발생 생물의 개체가 수정란이나 포자에서 완전한 성체(成體)가 되기까지의 과정을 말한다.

체에 내재된 것이라는 의미로 쓰였다. 반면 **궁극 요인**으로 분류할 수 있는 행동의 기능과 진화 연구에서는 한 개체를 더 이상 독립된 대상으로 취급하지 않는다. 개체는 그것이 서식하는 자연환경과 깊숙이 연관되어 있다. 마찬가지로 각 개체군 역시 서로 긴밀하게 영향을 주고받으며 살아간다.

행동 생태학은 궁극 요인에 더 큰 관심을 두고 있으나 그렇다고 근접 요인을 아예 배제하지는 않는다. 곧이어 살펴보겠지만, 새의 울음소리에 대한 연구는 궁극 요인 중 하나인 진화 관련 연구에 새로운 질문을 던질 뿐만 아니라 근접 요인을 탐구하는 인지 신경 과학과도 밀접하게 연계되어 있다.

따라서 동물의 행동에 대한 연구는 근접 요인과 궁극 요인이라는 대조적인 두 가지 방법을 통해 이루어진다. 각각은 완전히 별도의 것은 아니지만 제기하는 질문의 성격, 구체적인 연구 영역, 실제적인 조사 방법에서 확연히 구분된다.

틴버겐이 제시한 첫 번째 질문은 행동의 메커니즘, 특히 행동의 개시 장치에 관한 것이다. 이는 특정 행동이 나타나게 하는 개체 내부의 신경 생리학적 메커니즘 또는 호르몬과 같은 내분비계의 메커니즘 등을 의미한다.

두 번째 질문은 행동의 점진적인 출현, 즉 **개체 발생**에 관한 것이다. 명금류의 경우, 어린 새끼는 울지 않는다.(애걸하는 소리를 내긴 하나 이는 먹이를 획득하기 위한 것으로 다 자란 새의 울음과는 전혀 다른 성격이다.) 더욱 놀라운 것은 명금류의 새끼가 성조(成鳥)의 울음소리를 타고난 것이 아닐 뿐만 아니라, 동족으로부터 완전히 고립되었을 경우 그 울음소리를 애써 개발하지도 않는다는 사실이다. 새끼가 수컷 성조의 울음소리를 제대로 발달시키기 위해서는 오직 동종의 다른 수컷들 가까이에서 이를 습득해야 한다. "새끼 새는 언제, 그리고 어떻게 울음을 습득하는 것일까?"라는 문제는 틴버겐의 전형적인 두 번째 질문에 해당한다.

세 번째 질문은 환경 적응과 진화의 관점에서 본 행동의 기능에 대한 것이다. 이를 새의 연구에 구체적으로 적용시키면 새소리의 생물학적 기능에 대한 질문이 되는 셈이다. 새가 우는 목적은 번식을 위한 짝을 찾는 것일까, 아니면 다른 수컷들을 멀리 쫓아내기 위한 것일까? 혹은 그 둘 다일까?

확실히 지빠귀의 울음소리에는 위협의 기능이 있다. 이를테면 번식 세력권의 보호와 관련이 있는 것이다. 그러나 이와 같은 세력권 보호 기능은 암컷의 접근을 유도하는 성적인 기능에 더해진 것일 수도 있다. 뒤에서 더 자세히 다루겠지만, 지빠귀 수컷의 울음소리는 두 기능 모두를 갖는다고 볼 수 있다. 수컷은 울음소리로 암컷을 유인하는 동시에, 세력권 내에서 경쟁적

고립된 환경에서 자란 명금류는 울음소리를 발달시키지 못한다.

인 수컷들을 밀어내기 위해 자신의 존재를 확인시키는 것이다.

　마지막으로 네 번째 질문은 관심 대상으로 삼은 특정한 행동이 지질학상의 시대 흐름에 따라 역사적으로 어떻게 진화해 왔는지를 밝히는 것이다. 만약 명금류의 청각적 의사소통에 관심을 갖는다면, 앞서 언급한 새끼가 울음을 습득하는 능력의 역사적인 진화 과정을 통해 그 답을 모색해 볼 수 있다. 가령 두 번째 질문이 "지빠귀의 새끼는 어떻게 울음을 습득할까?"라면, 네 번째 질문은 "최초에 지빠귀는 왜 울음을 습득하게 되었을까?"에 관한 것이 된다. 다시 말해 언제, 어떠한 환경에서, 어떠한 종 또는 부류로부터, 어떤 적응 과정을 통해 새가 울게 되었는지를 탐구하는 것이다.

　시간을 거슬러 올라갈 수는 없으므로, 틴버겐의 마지막 질문에서는 그 어떤 실험적 접근도 불가능하다. 그래서 이 역사적 차원(진화의 의미에서)의 문제에 답하기 위해 유사한 또는 상이한 종들 간의 비교가 자주 이용된다. 이를 **비교 분석**이라 부른다.

　앞서 살펴보았듯이 지빠귀를 비롯한 많은 명금류가 봄날의 아침에 운다. 그러나 울지 않는 새들도 있다. 이렇게 서로 다른 종을 비교해 보면 울음소리를 내지 않는 종의 환경 속에는 존재하지 않고 울음소리를 내는 종의 환경에만 공통적으로 존재하는 특징들을 밝혀낼 수 있지 않을까? 만일 그렇다면 그와 같은 특징이 나타나는 환경에 사는 다른 종의 경우 적어도 울음과 유사한 행동을 보이리라고 예상할 수 있다. 그러한 환경적 '특징'의 일례로, 숲이나 초원처럼 식물 군집의 밀도가 높아 시각적인 의사소통이 어려운 조건을 들 수 있다.

이와 같이 종 간의 객관적인 비교를 통한 예측으로 실험을 대신할 수도 있다. 진화의 관점에 따르면 별개의 종, 곧 계통이 서로 다른 종이라 할지라도 동일한 환경적 제약에 처했을 때는 똑같은 방식으로 적응하게 되는 것이다.

새를 연구하는 것은 어떤 이점이 있을까?

새는 진화론, 생태학, 동물 행동학의 측면에서 모두 활발한 연구가 이루어진 동물 중 하나이다. 이는 다른 동물에 비해 새의 종 수가 특별히 많아서가 아니다. 새는 동물의 왕국에서 미미한 존재에 지나지 않는다. 통틀어 1만 종이 채 되지 못하며, 지구상에 존재하는 전체 종에서 대수롭지 않은 비율을 차지한다.(동물은 지금가지 알려진 것만 수백만 종에 달한다. 일부 학자들은 곤충만 3000만 종에 이를 것으로 추정하기도 한다.) 그런데

도 생물학자들이 특별히 새에 관한 연구를 선호하는 이유는, 새가 다른 동물, 특히 포유류에 비해 연구가 용이하다는 큰 이점이 있기 때문이다.

그렇다면 다른 동물보다 새를 연구하는 것이 왜 용이한 걸까? 무엇보다 새는 의사소통을 하는 감각 수단에서 인간과 비슷한 면이 많기 때문이다.

대부분의 포유류가 극도로 발달된 후각과 미각을 가지고 있는 반면 새는 시각과 청각을 주로 사용한다. 이는 포유류가 대체로 밤에 활동하는 반면, 새는 낮에 주로 활동하기 때문이다.(부엉이,* 몇몇 바닷새, 키위* 등 일부 예외는 있다.) 그러나 포유류 중에서도 인간을 포함한 영장류는 흥미로운 변이를 나타낸다. 영장류는 다른 포유류에 비해 후각이 덜 발달되어 있으며, 대신 조류처럼 시각과 청각 신호를 더 많이 사용한다.

대부분의 영장류는 낮에 활동하기 때문에 이동할 때뿐만 아

● ● ●

부엉이 올빼미목 올빼밋과의 조류. 올빼미와 비슷한 생김새이나 눈이 더 크고 머리 위에 귀 모양의 깃이 나 있다. 쇠부엉이 같은 일부 종을 제외하고는 대부분 야행성이다. 칡부엉이, 솔부엉이, 수리부엉이 등이 있으며 남극을 제외한 전 세계에 걸쳐 분포한다.
키위 크기가 닭만 하고 앞을 보지 못하며 날개와 꼬리 또한 퇴화하여 날지 못한다. 주로 뉴질랜드에서 서식한다.

니라 먹이를 찾거나 의사소통을 할 때에도 시각을 충분히 활용할 수 있다. 게다가 영장류의 많은 종이 과일을 먹는 동물로 색깔(일반적으로 빨간색 또는 노란색)을 통해 익은 과일을 식별한다. 인간도 다른 영장류와 마찬가지로 매우 발달된 시각을 통해 색깔을 분별할 수 있다. 이런 점에서 인간은 다른 포유류보다는 새와 더 유사하다.

또한 청각적인 측면에서 새는 인간과 동일한 주파수의 음계를 들을 수 있다. 인간은 20~20,000헤르츠, 새는 10~12,000헤르츠의 소리를 듣는다.(하지만 감각의 예민함에 있어서는 시각적, 청각적 측면에서 모두 새가 인간보다 뛰어나다.)

요컨대 인간과 동일한 감각 채널을 통해 의사소통하는 동물을 연구하는 것은, 비록 그 동물의 감각이 조금 더 예민하다 하더라도, 생물학자의 수고를 크게 덜어 준다. 연구의 표본을 더 직접적으로 채집할 수 있으며, 그것을 분석하기도 용이하기 때문이다.

하지만 새는 고유한 방법을 이용해 소리를 낸다. 특히 기관에서 두 기관지로 나뉘는 부분에 위치한 울대가 이에 관여한다. 울대는 포유류의 성대에 해당하는 새의 발성기로 기낭에서 공명시킨 소리의 진동을 중앙 진동막(고막)이 확대하여 발성이 이루어진다. 이렇게 새의 청각적 의사소통은 인간을 비롯한 포

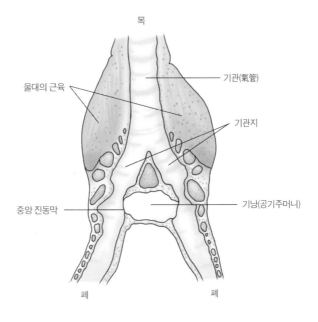

울대의 구조

유류와는 전혀 다른 경로를 통해 이루어지는 것이다.

새소리는 어떻게 측정할까?

새의 울음소리가 비교적 접근하기 쉬운 대상이었음에도 새
의 청각적 의사소통에 대한 연구가 비약적인 발전을 보인 것은

최근의 일이다. 1950년대까지 새의 발성을 연구하는 것은 상당히 어려운 작업이었다. 시각 신호의 경우 사진을 이용해 물리적인 데이터를 수집한 다음 수치로 측정하는 것이 가능했지만 소리는 이미지로 전환할 수가 없었기 때문이다. 기껏해야 소리 신호는 의성어나 음악 언어로 표현되었다. 나이팅게일*의 매우 복잡한 울음소리는 측정할 수도 정량화할 수도 없었고, 따라서 객관적으로 표현할 수 없었다. 또한 생물학자들 사이에 관찰의 성과나 결과를 교환할 만한 공통된 도구나 언어도 존재하지 않았다.

이때 소나그래프*라는 새로운 도구가 출현하면서 상황이 크게 바뀌었다. 동물 행동학자인 윌리엄 소프*가 이 기계의 실용화에 크게 기여했다. 전화기를 전문적으로 취급하는 벨의 회사

●●●

나이팅게일 주로 유럽에 분포하는 참새목 딱샛과의 소형 조류로 밤울음새라고도 한다. 몸의 위쪽은 갈색이고 아래쪽은 연한 갈색이다. 특히 울음소리가 아름답다. 주로 습기가 많은 관목 숲에 서식하며, 지렁이나 곤충 따위를 잡아먹는다.

소나그래프 1940년 미국의 벨 연구소에서 개발한 기계 장치. 음성 신호와 같이 시간에 따라 복잡한 변동을 나타내는 신호를 눈으로 볼 수 있는 패턴, 즉 소나그램으로 만들어 기록한다. 소나그래프는 가로축에는 시간을, 세로축에는 주파수를 표시한다.

윌리엄 소프(1902~1986) 영국의 동물 행동학자이자 조류학자. 케임브리지 대학교의 동물 행동학 교수로 재직했으며 옥스퍼드 대학교의 니콜라스 턴버겐 등과 함께 영국의 행동 생물학 수용과 발전에 공헌하였다.

에서 사용하던 이 기계는, 소리를 기본 주파수와 배음*으로 분해하여 주었다. 소프는 소나그래프를 새소리 연구에 적용시킬 아이디어를 떠올렸고 그 결과는 가히 혁명적이라 할 수 있었다. 처음으로 동물 행동학자들은 물리적 데이터를 통해 동물이 내는 모든 종류의 소리를 측정할 수 있게 된 것이다.

이때부터 새가 내는 소리는 시각 신호와 마찬가지로 구체적이고 측정 가능하며 정량화할 수 있는 대상이 되었다. 그리고 그와 관련한 모든 기록은 필수적인 사전 준비를 거쳐 이루어졌다. 그 후 소나그래프는 크게 발전하기 시작한다. 1960년대의 단순한 기계 장치가 오늘날에는 아날로그 신호를 디지털화한 다음 컴퓨터로 분석하는 방식의 소나그래프로 대체되었다.

앞에서 보았듯이 행동 생태학은 실험에 크게 의존한다. 다음 사항은 이와 관련하여 주목할 만한 점이다. 일단 소리를 수치화하고 나면 그것을 복사하거나 늦추거나 빠르게 하는 등의 조작은 아주 간단하다. 그 덕분에, 야생 동물을 대상으로 하는 실험은 지금도 결코 쉽지 않은 일이지만, 발성을 이용한 현장 실험만큼은 의외로 수월하게 된 것이다.

● ● ●

배음 진동체가 내는 여러 가지 소리 가운데 원래 소리보다 많은 진동수를 가진 소리. 보통 원래 소리의 정수배가 되는 소리를 이른다.

요즘은 녹음기와 확성기를 이용해서 야생 개체들에게 특정한 소리를 퍼뜨리고 반응을 관찰하는 실험을 손쉽게 실시한다. 공격적인 신호가 울려 퍼질 때는 개체 역시 공격적으로 대응하거나 달아날 것이다. 성적인 신호일 경우에는 성별이 같은 개체라면 아마도 견제하거나 무관심한 태도를 보일 것이고 이성 개체는 분명 관심을 보일 것이다.

정리하자면 새를 통해 동물의 의사소통을 연구하는 것에는 세 가지 이점이 있다. 첫째, 새는 우리 가까이에 있는 연구 표본이다. 둘째, 한때 분석하기 어려웠던 소리 신호를 오늘날에는 매우 쉽게 다룰 수 있게 되었다. 마지막으로 청각적 의사소통은 신호의 실험과 조작이 매우 쉽다.

2

새는 왜
우는 것일까?

새의 울음소리는 무슨 의미일까?

새소리의 기능을 밝히기 위해 명금류의 의사소통을 연구할 때 가장 기본적인 과제는 발신된 신호, 즉 울음소리의 의미를 파악하는 것이다.

그러나 인간이 이해할 수 없는 신호로 전달되는 정보의 의미를 알아내는 것은 결코 간단한 일이 아니다. 우리가 파악할 수 있는 것은 의도적인 문맥이 확연히 드러나는 메시지뿐이다. 부푼 깃털, 곤두선 털, 이빨을 드러내며 젖힌 입술 등과 같은 공격적인 신호들이 이 경우에 해당한다. 예컨대 불곰 한 마리가 큰 울음소리를 내거나 과장된 몸짓을 보이며 다른 불곰을 향해 달려들 경우, 그 의도는 의심할 여지없이 분명하다. 일반적으로 공격 신호나 두려움을 나타내는 신호는 어느 정도 보편적인 구조를 가지고 있다.

반면 훨씬 더 은밀한 메시지를 전달하는 신호도 있다. 특히 과장된 형태로 나타나는 성적 신호가 그렇다. 공작의 부채처럼 펼친 꽁지 장식깃, 군합조*의 부풀어 오른 붉은 주머니, 새나 나비의 화려한 색상, 포유류의 뿔이나 엄니 등이 이러한 성적 신호의 예다.

화려한 성질의 신호를 더 해독하기 어렵다는 것이 역설적으로 보일 수도 있다. 그러나 실제로 그러한 과장된 표현에서 발신자가 전달하려는 의미는 전혀 드러나지 않는다. 이와 같이 물리적 구조를 분석함으로써 단순하고 직접적으로 그 기능을 유추해 낼 수 없는 신호를 **의식화된 신호**라고 한다.(인간의 '사회적 관례'를 떠올리게 하는 표현이다.) 의식화된 신호의 기능을 외부 관찰자나 초보 연구자가 알아내기란 매우 어렵다.

의식화된 신호는 특히 시각 신호에 사용되는 개념이긴 하지만 소리 신호에도 적용될 수 있다. 가령 새가 경고나 친교의 메시지를 보내기 위해 일상적으로 내는 소리는 전혀 또는 거의

• • •

군합조 황새목 군합조과에 속하는 몸길이 1미터 이상의 대형 조류. 주로 남태평양 지역에 분포하며 물고기가 주식이다. 윤기가 도는 검은색에 수컷의 턱 밑에 있는 붉은 주머니가 특징이다.

의식화되지 않은 것이다. 특히 맹금류*와 같은 공격자가 접근해 올 때 내는 경고의 소리는 여러 종 사이에 동일하다.

반면 우리가 살펴볼 수컷의 울음소리는 복잡하고 매우 의식화된 신호로서 종에 따라 큰 차이를 보인다. 그래서 조류학자들은 울음소리만 듣고도 새의 종을 구별해 낼 수 있다.

그렇다면 이렇게 복잡한 새소리의 의미와 기능을 어떻게 밝혀낼 수 있을까? 유일한 방법이자 가장 간단한 방법은 결국 '직접 물어보는' 것이다. 즉 한 마리의 새가 내는 신호에 동종의 다른 새들이 어떻게 반응하는지 연구하는 것이다. 따라서 이제 관찰자는 실험자가 되는 셈이다.

우리는 이미 새의 울음소리와 관련하여 세력권 보호 기능과 성적인 기능이라는 두 가지 가능성을 제기했다. 지금부터 실험으로 이를 증명할 수 있는지 살펴보도록 하자.

● ● ●

맹금류 육식을 하는 조류로 매목과 올빼미목이 이에 해당한다. 먹이를 사냥하고 그것을 뜯어먹는 데 적합한 날카로운 부리와 발톱을 가지고 있다. 우리나라에는 매와 솔개, 솔부엉이와 올빼미 등이 서식한다.

새는 세력권을 보호하기 위해 우는 것일까?

수컷 지빠귀의 울음소리에는 세력권을 보호하는 기능이 있을까? 달리 말하면 수컷은 울음소리를 통해 "나는 이 세력권을 소유하고 있고 지킬 준비가 되어 있다."라며 자신의 지위를 표현하는 것일까?

50여 년간의 연구를 통해 생물학자들은 이 질문에 '그렇다.'라는 대답을 분명하게 얻어 낼 수 있었다. 여러 연구들 중 가장 간단한 실험은 야생 지빠귀의 서식지에서 확성기로 미리 녹음된 수컷 지빠귀의 울음소리를 퍼뜨리는 방법이었다. 대부분의 경우 지빠귀의 행동에 변화가 나타났다. 그러나 그 반응은 개체에 따라 차이를 보였다. 일부 지빠귀들은 울음을 멈추었다. 반면 일부 지빠귀들은 더 극성스럽게 행동했다. 확성기 가까이 접근하거나 심지어 확성기를 공격하는 지빠귀도 있었다.

이와 같이 세력권을 위협하는 다른 수컷의 소리에 대한 반응에서 나타나는 차이를 결정짓는 요소들이 부분적으로 밝혀졌다. 그중에서도 수컷의 상태는 매우 중요한 변수이다. 이를테면 그 수컷의 짝짓기 경험 유무, 나이, 세력권 또는 그 자신의 '질적 우수성' 등이 반응에 영향을 미친다. 수컷의 정소에서 분비되는 테스토스테론*의 양 또한 변수로 작용한다. 우수한

수컷의 울음소리는 세력권 보호 기능을 갖는다.
울지 못하게 된 수컷은 다른 수컷에게 쉽게 자기 세력권을 빼앗긴다.

개체일수록 일반적으로 높은 테스토스테론 수치를 자랑한다.

오늘날에는 단순히 야생 개체를 대상으로 하던 실험에서 몇 발짝 더 나아가 실험 조건을 보다 정교하게 통제한 연구들이 이루어진다. 예를 들어 이미 세력권을 소유하고 있는 수컷들만을 대상으로 한 실험도 있다. 일단 어떤 수컷이 세력권을 가진 것으로 확인되면 공기주머니에 구멍을 뚫어 일시적으로 울지 못하게 했다. 모든 실험에서 소리를 내지 못하게 된 수컷들은 다른 정상적인 수컷들보다 훨씬 쉽게 세력권을 빼앗겼다.

다른 실험에서도 울음소리의 세력권 보호 기능을 확인할 수 있다. 세력권이 있는 수컷들을 포획하고 대신 그 자리에 같은 종의 수컷 소리가 나오는 확성기를 가져다 놓았다. 실험 결과, 확성기가 없는 세력권은 확성기가 있는 쪽보다 훨씬 더 빨리 새로운 수컷들에게 점령당했다. 이 실험으로 수컷의 울음소리가 다른 수컷이 세력권을 차지하는 것을 지연시키거나 가로막는다는 사실이 확인되었다. 이렇게 명금류의 울음소리는 수신자와 발신자에게 모두 명백한 세력권 보전의 기능을 갖는다.

● ● ●

테스토스테론 사람의 남성 호르몬에 해당하는 동물의 스테로이드계 웅성 호르몬의 일종. 주로 정소에서 분비되며 수컷의 생식기를 발달시키고 3차 성징(닭 볏, 사슴뿔 등)을 발현시키는 기능을 한다.

새는 이성을 유혹하려고 우는 것일까?

수컷 명금류의 울음에 암컷을 유혹하는 성적인 기능이 있다는 것 또한 확성기 실험으로 입증되었다. 이 실험을 살펴보기에 앞서 한 가지 염두에 둘 것이 있다. 일반적으로 수컷은 암컷보다 더 소란스럽고 복수심도 강하다. 이 때문에 적어도 실험에서는 수컷에게 세력권에 관한 반응을 얻어내는 것이 암컷에게서 성적인 반응을 이끌어 내는 것보다 훨씬 쉽다. 따라서 암컷을 대상으로 한 실험에서는 좀 더 세심한 준비가 필요하다.

지빠귀 암컷은 매우 은밀하게 행동해서 나무 아래서는 좀처럼 볼 수 없기 때문에 자연적으로 생긴 구멍이나 둥지에 사는 딱새* 무리가 실험 대상이 되었다. 이렇게 함으로써 암컷이 둥지를 찾아오는 모습을 포착하기가 한결 쉬워졌다. 수컷 딱새의 울음소리가 나오는 확성기를 몇몇 둥지의 입구에 놓아두고 암컷들의 반응을 관찰했다. 그 결과 확성기가 있는 둥지에 눈에 띄게 더 많은 암컷들이 찾아들었다.

● ● ●

딱새 참새목 딱샛과에 속하는 소형 조류. 아메리카 대륙을 제외한 전 세계에 걸쳐 분포하며, 지역별로 검은딱새, 노랑딱새, 쇠솔딱새 등의 고유종이 있다. 수컷의 화려한 빛깔이 특징이며, 대부분 울음소리가 아름답고 행동이 민첩하다.

또 다른 실험은 포획한 새들을 대상으로 하여 보다 정교한 조작이 가능했다. 암컷 명금류에게 발정 호르몬제를 투여해 짝짓기를 유도하는 행동을 이끌어 냈다. 이를 통해 극도로 흥분된 상태의 암컷에 자극받은 수컷이 내는, 절정에 달한 구애의 소리가 지닌 물리적인 특징들을 살펴볼 수 있었다.

실험 결과는 무엇보다 새의 울음소리가 고유한 성질을 가지고 있음을 보여 준다. 이를테면 같은 종의 수컷이 우는 소리가 들릴 때에만 암컷이 교미하려는 행동을 보였다. 그러나 만일 수컷의 울음소리에서 주파수나 리듬과 같은 청각적 변수를 달리하면, 암컷은 그 소리를 더 이상 알아듣지 못하고 아무런 반응도 보이지 않았다. 이러한 실험들을 통해 암컷이 특수한 소리를 인지한다는 것 외에도 다른 소리의 변수들이 암컷을 유혹하는 데 중요한 영향을 미친다는 사실을 밝혀낼 수 있었다. 예를 들면 보다 길고 복잡한 울음소리는 짧고 단순한 소리보다 암컷을 유혹하는 데 더 유리하다. 이와 같은 변수는 암컷이 번식을 위해 짝을 선택할 때 영향을 미치게 된다.

결론적으로 새소리의 생물학적 기능을 둘러싼 오늘날의 큰 합의점은 다음과 같다. 새의 울음소리에는 경쟁 수컷, 특히 이웃한 수컷들로부터 자기 세력권을 보호하는 기능과 함께 동일한 종의 암컷을 유혹하는 성적인 기능이 있다.

3

새소리는
언제나 같을까?

환경에 따라 새소리가 달라질까?

지빠귀의 울음과 같은 소리 신호는 전달 과정에서 주변 환경에 의해 상당히 손상될 수 있다는 것을 앞서 살펴보았다. 지금부터는 바로 이 부분, 즉 공기나 식물 분포와 같은 물리적 환경과 잘못된 수신자와 같은 생물학적 환경이 새의 소리 신호에 미치는 영향을 알아보도록 하자.

환경은 새의 생존에 있어 피할 수 없는 제약이다. 따라서 새가 사용하는 신호 또한 행동이나 생김새와 마찬가지로 자연선택에 따라 그 제약에 적응하게 된다. 명금류의 의사소통 신호에서 나타나는 청각적 특성은 이 같은 관점에서 폭넓게 연구되었다.

소리를 연구하는 학자들은 오래전부터 소리가 가장 잘 전파

되는 환경적 조건들을 제시해 왔다. 그에 따르면 평원, 대초원, 사막과 같이 열린 공간에서 약 1,000~4,000헤르츠*의 중간 수치에 해당하는 주파수를 가진 소리가 가장 잘 전파된다.(일반적으로 500~5,000헤르츠 사이에서 귀의 감도가 가장 좋다.) 반면 숲 속과 같이 닫힌 공간에서는 음파의 반향이 중요한 변수가 된다. 소리가 나뭇잎이나 나뭇가지 또는 줄기에 부딪혀 굴절될 가능성이 많기 때문이다. 이때는 오히려 매우 낮거나 매우 높은 주파수를 가진 소리의 손상이 더 적다.

이러한 두 가지 대조적인 환경에서 여러 명금류의 울음소리를 비교 연구해 본 결과, 실제로 숲에 사는 명금류는 1,000헤르츠 이하의 낮은 주파수나 4,000~5,000헤르츠 이상의 높은 주파수를 사용하는 것으로 확인되었다. 반면 평원과 같은 열린 공간에서 서식하는 종들은 중간 수치의 주파수를 사용했다. 이는 이론을 통한 예측과 완전히 일치하는 결과이다. 또한 개체가 전파의 손상을 최소화할 수 있는 '소리의 창(주파수 공간)'에 맞게 신호를 변화시켰다는 것을 암시한다. 이처럼 소리 신호는 변이를 통해 주어진 환경에 적응해 온 것이다.

● ● ●

헤르츠 진동수의 단위로 1초 동안의 진동 횟수를 말한다. 기호는 Hz를 사용한다.

새는 왜 이른 아침에 많이 울까?

이제 새가 유독 이른 아침에 우는 이유가 무엇인지 분석을 계속해 보자. 참고로 '아침의 합창'이라는 표현 또한 여기에서 비롯된 것이다. 이는 어느 종의 새든지 간에 분포하는 대륙이나 서식하는 환경(갈대밭이든 숲이든 초원이든)과 상관없이 마찬가지의 현상이다. 현재 그 이유를 설명하는 적어도 네 가지 가설이 존재한다. 그러나 모두 확실히 검증된 이론은 아니기 때문에 간단히만 살펴보고 넘어가도록 하겠다.

첫 번째 가설은 다른 모든 요인들을 배제한 채 오로지 소리 신호의 물리적 특성만을 고려한다. 새가 소리의 전파력이 가장 좋은 시간대를 선택했다는 것이다. 실제로 이른 아침은 여러 환경적 제약이 가장 적은 물리적 조건을 갖춘 시간으로 소리의 손상을 최소화한다. 무엇보다도 아침에는 한낮에 비해 습도가 높다. 소리는 습한 공기를 통해 가장 잘 전파된다. 또한 아침에는 햇볕이 공기와 지면을 가열하면서 발생하는 미세 난류가 거의 없기 때문에 대기가 가장 평온하고 안정적이다. 따라서 바람으로 인한 소리의 간섭 현상을 최소화할 수 있다. 이론적인 계산에 따르면 한낮과 비교해서 아침에 소리가 20배가량 더 잘 전파된다.

모든 현상을 자연적 인과 관계로만 설명하는 이 기계론적 가설에 대응하여 일부 학자들은 다음과 같은 주장을 폈다. 새가 유독 아침에 울게 된 이유는 오후에 다른 할 일, 특히 먹이 찾는 일을 해야 하기 때문이라는 것이다. 이른 아침에는 시야가 나쁘고 곤충의 활동성이 떨어지기 때문에 먹이를 잡기가 어렵다.(명금류는 대부분 곤충을 잡아먹는다. 특히 번식기에는 더 많은 먹이가 필요하다.) 따라서 이 주장에 따르면 아침의 합창은 새가 소리의 전파력이 가장 좋은 시간을 자발적으로 선택해 이루어진 것이 아니다. 그보다는 하루 중 먹이를 잡기 어려운 유일한 시간을 어쩔 수 없이 선택하게 됐다고 보는 것이다.

기능적인 측면만 강조한 두 번째 가설의 대안으로 수신자인 암컷의 행동에 주목한 보다 독창적인 세 번째 가설이 등장했다. 일반적으로 암컷의 번식력은 하루 중 아침에 가장 높다. 게다가 대부분의 암컷 명금류는 암탉처럼 아침 일찍 알을 낳으며 그 바로 전에 수정이 이루어진다. 이른 아침, 즉 산란 시점에 들려오는 수컷의 울음소리는 이웃한 세력권의 수컷들을 멀리 몰아냄으로써 혼외 교미를 방지한다.

혼외 교미는 1980년대까지 그 존재가 간과되었다. 그러나 유전학이 발달하면서 유독 지빠귀를 포함한 명금류에서 종에 따라 10~80퍼센트에 이르는 상당수의 새끼들이 어미의 본래 짝이 아닌 다른 생물학적 아버지(일반적으로 이웃한 세력권의 수컷)를 가지고 있다는 사실이 밝혀졌다.

이 사실은 다음과 같은 위험을 내포하고 있다. 진화론의 측면에서 보았을 때 개체는 자신의 고유한 유전자를 번식시키기 위해 노력한다. 일반적으로 한 마리의 수컷은 각각의 새끼들과 평균 50퍼센트의 동일한 유전자를 갖는다. 그러나 혼외 교미를 통해 태어난 새끼의 경우에는 동일한 유전자의 비율이 극도로 낮을 수밖에 없다. 따라서 수컷은 자기 유전자를 갖지 않은 새끼들을 돌봐야 할 필요가 전혀 없게 되는 것이다. 이러한 위험을 최소화하기 위해 동종의 수컷들이 행동 전략을 마련했으며, 아침의 합창은 그 전략의 실천이라는 것이 세 번째 가설의 내용이다.

현재 우리의 지식수준은 여기에 머물러 있다. 왜냐하면 대립되는 세 가설 중 어느 것도 실험이나 비교 분석을 통해 정설로 인정받지 못했기 때문이다. 불과 얼마 전에 제기된 네 번째 가설도 예외는 아니다.

대담한 네 번째 가설에 따르면 아침의 합창은 희생을 치르는 행동, 즉 '불리한 조건'으로 간주된다. 왜냐하면 아침에 우는 수컷은 먹이를 섭취하기도 전에 에너지를 소모하므로 물질대사 측면에서 위험을 감수하는 것이기 때문이다. 따라서 오직 우수한 물리적 조건을 가진 수컷만이 아침의 합창을 실행에 옮길 수 있다는 것이다. 예컨대 우수한 지빠귀는 다른 보통 지빠귀들보다 더 일찍 일어나 더 훌륭하게 울음소리를 냄으로써 자신이 '불리한 조건'을 감수할 수 있는 최상의 상태라는 것을 암컷에게 과시한다. 이처럼 수컷은 아침의 합창에 참여함으로써 암컷이 짝을 고르는 기준을 정하는 데 도움을 주는 것이다.

현재 이 마지막 가설을 이론으로 정립하기 위해 여러 실험적인 연구들이 진행 중이다. 특히 박새[*] 연구를 통해 얻어진 첫 결과는 이 가설에 대한 낙관적인 전망을 가능케 한다. 그러나 아직까지는 각 가설 사이에 논쟁이 계속되고 있으며 그 어떤 가설도 확실한 이론으로 정립되지 못한 상태이다.

● ● ●

박새 참새목 박샛과에 속하는 소형 조류로 번식기 외에는 주로 무리 생활을 한다. 주변에서 흔히 볼 수 있는 텃새이며, 특히 인공 상자를 좋아해 크기만 적당하면 쉽게 둥지를 틀기 때문에 실험과 관찰이 용이하다.

4

새는 울음소리를 듣고 서로
알아볼 수 있을까?

새는 자기 짝을 알아볼까?

의사소통 과정에서 신호는 위협, 성적 유혹 등의 메시지와 더불어 대부분 발신자의 정체를 나타내는 데이터를 함께 가지고 있다. 이를테면 신호는 발신 개체에 대한 정보를 제공하는 일종의 라벨인 셈이다. 동물의 신호는 성적 또는 개별적 특수성을 지닌 것으로 알려져 있다. 이 신호를 통해 개체는 자신과 동일한 종을 다른 종으로부터 구별해 낼 수 있다. 따라서 동일한 메시지를 지닌 신호라 할지라도 발신 개체의 성별, 나이, 서열에 따라 조금씩 다른 형태를 보인다.

한 개체의 정체를 알아내려면 가장 먼저 그 개체를 다른 개체들과 구별할 수 있어야 한다. 구별은 모든 의사소통 시스템에서 매우 중요한 요소이다. 여기서 구별이란 여러 개체들 중

자기 짝과 새끼를 분간하는 능력은 무리를 지어 살아가는 개체에게 필수적이다.
명금류는 울음소리로 자기 짝과 새끼를 구별하는 데 탁월한 능력을 보인다.

에서 동종의 개체를 구분하는 것뿐만 아니라 경쟁자나 이웃들 사이에서 자신의 짝과 새끼를 구분하는 것까지를 말한다.

특히 짝을 알아보는 새의 능력에 대해 많은 실험 연구들이 이루어졌다. 이러한 연구는 주로 한 개체군에서 특정 개체와 다른 개체들 간의 발성 차이를 비교하는 식으로 진행된다. 이때 특별히 선택된 한 개체가 내는 소리는 무작위로 고른 다른 새 두 마리의 소리보다 10~20배 정도 더 정형화된 것이다.

실험 결과 실제로 수백 개의 종에서 각 개체가 고유한 발성을 가지고 있다는 사실이 확인되었다. 여러 종 가운데서도 특히 몇 년 동안 하나의 짝에게만 충실한 바닷새들은 모두 뛰어난 개체 식별 메커니즘을 가지고 있었다. 또한 새가 실제로 자기 짝의 울음소리를 분간할 수 있다는 사실 또한 입증되었다. 녹음된 여러 새소리를 각각 들려주었을 때, 실험 대상인 새들은 각자의 짝이 우는 소리에만 반응을 보인 것이다.

새는 이웃과 침입자를 구별해 낼까?

명금류는 짝뿐만 아니라 다른 개체를 식별하는 데 특히 뛰어난 능력을 보였다. 수컷 명금류는 이미 알고 있던 개체보다는 침입자, 즉 새로운 개체에게 더 공격적이다. 또한 세력권을 가진 수컷은 이웃한 개체의 소리를 완벽하게 기억하고 있어서 이웃이 아닌 다른 지역의 수컷에게는 더 적대적인 태도를 보인다. 또한 왼쪽과 오른쪽의 이웃을 구별하는 식으로 개체의 보다 세밀한 식별도 가능하다.

명금류는 여러 해 동안 다른 개체의 울음소리를 암기하기까지 한다. 다양한 종의 철새를 대상으로 한 실험에서 세력권을 가진 수컷은 이웃한 여러 수컷들 중에서도 완전히 낯선 개체보다는 지난해에도 접했던 개체에게 더 너그러운 태도를 보였다.

한편 명금류는 공간 기억 능력 또한 보유하고 있다. 이웃 수컷의 익숙한 울음소리를 본래 그 새가 있어야 할 장소가 아닌 다른 곳에서 확성기로 틀어 주면, 세력권을 가진 수컷은 다른 침입자들에게 하는 것과 마찬가지로 공격적인 반응을 보인다. 요컨대 수컷은 평소 침입자와 이웃을 구별할 때 공간 정보와 발성 정보를 모두 이용하는 것이다.

새의 인지 능력은 어떤 이점을 가져다줄까?

새가 그토록 발달된 인지 능력을 통해 얻을 수 있는 이득은 무엇일까? 짝을 구별하는 능력은 새끼를 알아보는 능력과 마찬가지로 번식에 명백한 이점으로 작용한다. 특히 수명이 길고 무리를 지어 살아가는 종이나 새끼의 이동이 많은 종에게는 자기 짝과 새끼를 찾아내는 능력이 번식률에 결정적인 영향을 미친다. 앞서 살펴보았듯이 오직 자신의 새끼에게만 먹이를 주는 행동은 진화와 자연선택의 차원에서 필연적이기 때문이다.

반면 이웃을 식별하는 능력은 에너지 절약을 위한 쪽에 더 가까울 것이다. 낯선 개체가 나타났을 때는 자신의 세력권을 빼앗길지도 모르기 때문에 자연히 경계할 수밖에 없다. 그러나 이와 달리 이미 가까운 곳에 세력권을 가지고 있는 새는 진정한 경쟁자가 아니다. 따라서 굳이 에너지 소모와 부상의 위험을 무릅쓰고 싸움을 벌일 필요가 없는 것이다.

이에 따라 일부 종은 다수의 개체를 식별할 수 있는 능력을 발달시켰다. 사회성을 가지고 무리를 지어 사는 종이 이에 해당한다. 사회적인 동물의 경우 개체의 식별을 통해 서열 또는 우두머리 집단 사이에 연계가 발생한다. 이는 동물의 사회성을 설명하는 핵심 요소들 중 하나이다.

마지막으로 살펴볼 사항은 오직 명금류에만 나타나는 독특한 생물학적 현상인 **레퍼토리**[*]에 관한 것이다. 어떤 종이 특정 정보를 전달하는 고유한 울음소리를 가지고 있다면, 각각의 개체에는 그 소리의 몇 가지 변이형이 나타난다. 서로 조금씩 다른 이 변이형들이 개체의 '레퍼토리'를 구성하는 것이다.

일부 종의 경우 레퍼토리의 개수가 매우 중요한 문제지만, 이는 개체에 따라 차이를 보인다. 유럽에 사는 찌르레기*의 일부 개체들은 70개에 가까운 레퍼토리를 구사한다. 나이팅게일은 수백 가지의 소리를 낼 수 있으며 꾀꼬리*와 흡사한 북아메리카의 어떤 명금류는 하나의 개체가 무려 2,000개에 이르는 레퍼토리를 가지고 있다. 반면에 어떠한 변이형도 확인되지 않는 종도 있으며, 이 경우에 레퍼토리는 1이 된다.

그렇다면 이 레퍼토리의 기능은 무엇일까? 일부 실험을 통해 암컷이 풍부한 레퍼토리를 가진 수컷에게 더 끌린다는 사실을 확인하였다.

● ● ●

레퍼토리 원래는 연극 용어로서 연주자나 극단이 일정 기간 동안에 연주 또는 상연하기로 한 작품의 목록을 뜻하나, 조류 연구에서는 하나의 개체가 가지고 있는 다양한 울음소리의 종류를 의미한다.
찌르레기 참새목 찌르레깃과의 조류. 도시의 공원이나 정원, 농경지, 구릉, 산기슭 어디서나 볼 수 있으며 깃털은 대체로 어두운 회색을 띤다.
꾀꼬리 참새목 까마귓과의 중·대형 조류. 아프리카와 아시아의 열대 지방에 주로 분포한다. 몸은 노란색이며, 날개와 꼬리 일부가 검정색이다. 겉모습이 아름답고 울음소리가 특히 맑고 다양해서 예로부터 시나 그림의 소재로 사랑 받았다.

5

새소리와 **언어의 유사점**은 무엇인가?

새끼 새는 어떻게 울음을 습득할까?

발성이 수컷 특유의 울음소리와 일상적인 소리를 비롯한 모든 종류의 새소리를 아우르는 말이라면, 그중 새가 일상적으로 내는 소리는, 암컷을 유혹하고 자신의 세력권을 방어하기 위한 수컷 특유의 울음소리와는 기능적인 측면에서 다르다. 그러나 둘 사이의 더 큰 차이점은 개체 발생에 있다. 간단히 말해 보통의 새소리는 학습을 통해 얻어지는 것이 아니다. 새끼 새는 아무 소리도 들리지 않는 환경에서도 스스로 소리를 낼 수 있다. 하지만 1장에서 잠시 살펴보았듯이 청각적으로 격리된 조건에서 성조의 고유한 울음소리를 발달시키지는 못한다.

지빠귀를 비롯한 어린 수컷 명금류는 새끼 때부터 발성을 개발하지만 이는 불완전하다. 어린 지빠귀가 성장하면서 소리

또한 차츰 발달하여 우리가 알고 있는 성조의 울음소리에 이르게 되는 것이다. 그러나 만일 새끼 지빠귀가 다른 지빠귀들과 교류가 전혀 없는 고립된 환경에서 자랄 경우, 성조의 소리를 제대로 습득하지 못하고 '최초의 울음소리' 단계에 머무르게 된다.

반면 똑같이 청각적으로 고립된 조건이라도 새끼와 동일한 종의 울음소리가 반복해서 나오는 확성기가 있을 경우, 새끼는 성조의 울음을 정상적으로 습득하고 발달시킨다. 이를 통해 우리는 개체의 형질이 오직 유전자에 의해 후손으로 전해진다는 고전적인 이론과 달리 문화적으로도 전달된다는 사실을 확인한 셈이다.

이 **문화적 진달**은 자손이 특정한 형질을 발달시기려면 그 종의 구성원들(일반적으로 부모)과 접촉해야만 한다는 사실에서 출발한다. 실제로 완벽하게 격리된 새끼들은 성조의 울음소리를 개발하지 않는다. 유전자만으로는 충분하지 않은 것이다. 그러나 이러한 행동의 사회적 습득 과정은 인간 세계에 비해 동물의 왕국에서는 그리 흔한 일이 아니다. 포유류와 일부 조류, 특히 명금류에서만 찾아볼 수 있을 뿐이다.(그중에서도 특히 영장류에게서 예외적으로 발달되었다.)

이렇게 새의 울음소리가 전달되는 과정은 언어의 문화적인 전승과 닮은 면이 있다. 특히 새끼 명금류의 울음소리는 젖먹이의 **옹알이**와 흡사해 보인다.

옹알이는 최초 언어의 한 형태로 그 문장 구성만큼은 실제 언어에 가깝다. 이는 아이의 발달 단계에서, 보통 세 살 이전에 나타난다. 이때 아이는 대개 반복해서 입속말 같은 소리를 낸다. 이 소리는 완전한 단어가 아니기 때문에 어른들에게는 아무런 의미도 없는 것처럼 들리지만, 나름의 구문론*적 구조를 가지고 있다. 옹알이에도 구조적 규칙이 존재하는 것이다.

아이가 어른들 사이에서 모방을 통해 학습한 단어들을 이어 붙이면서 옹알이는 점차 언어로 발달해 간다. 그 단어들의 의미를 모두 정확하게 파악할 수는 없지만 어느 정도 알아들을 수는 있다. 왜냐하면 옹알이는 질문, 부정처럼 문맥상으로 쉽게 이해할 수 있는 억양을 취하기 때문이다.

새끼 새가 태어날 때부터 가지고 있는 **최초의 울음소리 형판** 또한 처음에는 구조가 없는 작은 음절들에 불과했던 것이 점차 성조와 동일한 소리, 리듬, 억양을 사용하며 발달한다는 점에서 실제로 옹알이와 닮았다. 그러나 아이가 옹알이를 하는 데

● ● ●

구문론 단어가 결합하여 만들어지는 구 · 절 · 문장의 구조와 기능, 그 구성 요소 따위를 연구하는 언어학의 한 분야.

우리 몸의 어떤 기관들이 관여하는지는 분명하게 밝혀진 반면, 새끼 새의 울음소리 형판은 이러한 해부학적 구조가 아직까지 밝혀지지 않았다.

이 울음소리 형판이 예민하게 작용하는 짧은 기간 동안 새끼 새들은 자연에서 들려오는 소리의 구조를 기억해야 한다. 이때 새끼는 형판과 일치하는 속성들을 가진 소리만 기억하게 된다. 여기서 새끼 새가 사는 곳의 청각적 환경은 새끼와 동일한 종의 소리로 구성되어 있다는 점을 주목할 필요가 있다. 그렇기 때문에 실험을 위해 인위적으로 새끼를 격리시킬 경우, 새끼의 울음소리는 최초의 형판 단계에서 나아갈 수 없으며 정상적인 성조의 울음소리에 이르지 못하는 것이다.

새도 '사투리'를 쓸까?

새소리와 인간이 사용하는 언어의 유사점이 옹알이만 있는 것은 아니다. 더욱 놀라운 것은 새에게도 언어와 흡사한 방언이 존재한다는 사실이다. 명금류의 울음소리는 지역에 따라 미묘한 차이가 있다. 따라서 뛰어난 청력을 가졌다면 주어진 울음소리가 어느 지역의 것인지 식별할 수도 있을 것이나.

이러한 현상은 새가 문화적인 전달, 즉 모방을 통해 울음을 습득한다는 사실과 같은 맥락에 있다. 사실 명금류라는 특정한 생물학적 단위 안에 속하는 새들의 울음소리는 서로 비슷하다. 왜냐하면 그것은 결국 이전 세대에서 다음 세대로 유전되는 동일한 표본을 바탕으로 학습된 것이기 때문이다. 그러나 모방이 항상 완벽할 수는 없다. 거기에는 유전자 외에도 여러 환경적 요인들이 영향을 미치기 때문이다. 이런 이유로 시간이 흐르면서 울음소리는 지역에 따라 각기 다른 형태로 진화하게 된 것이다.

하지만 새소리와 언어의 유사성은 이 정도에서 그친다. 인간의 언어에는 명금류의 울음소리에서 볼 수 없는 중요한 특징들이 있다. 새의 울음소리에는 언어의 가장 기본적인 요소, 즉 '단어'의 배열에 따라 저마다 다른 의미의 '문장'을 만드는 구문론적 규칙이 빠져 있다.

의사소통과 진화 능력은 서로 연관되어 있을까?

오늘날 명금류는 지구에 서식하는 10,000여 종의 조류 가운데 절반인 5,000여 종을 차지한다. 이는 명금류의 성공적인 진화를 입증하는 사실이다. 또한 명금류에서 가장 복잡한 형태의 울음소리를 찾아볼 수 있으며, 그 문화적인 전달도 마찬가지다. 이 모든 현상들이 서로 연관되어 있는 것은 아닐까?

한편 명금류는 다 자란 후에도 새로운 뉴런[●]을 만들어 낸다는 사실이 밝혀졌다. 뉴런은 유기체에서 배[●]가 형성되는 일생의 짧은 기간 동안에만 생성된다. 성인이 되면 뉴런은 한정된 수명과 재생산이 불가능한 특성으로 인해 그 수가 줄어들기만 한다.(그나마 뉴런은 일반적으로 다른 세포에 비해 그 수명이 훨씬 긴 편이다.) 그러나 일부 명금류의 성조는 매년 새로운 뉴런을 생성해 낸다. 이 사실은 매년 새로운 소리를 만들어 내는 명금류의 능력과 관계가 있지 않을까?

또한 명금류는 특별한 뇌 구조를 가지고 있으며, 오늘날까지 연구 대상이 된 모든 종에서 울음을 습득하는 능력이 확인

● ● ●

뉴런 신경계의 구조적·기능적 단위. 신경 세포체와 거기서 나오는 돌기를 합친 것을 말한다. 뉴런은 전기를 발생시켜 외부로부터 받은 자극의 정보를 다른 세포에 전달하는 기능을 한다. 흥분과 자극을 감각기에서 척수로 전달하는 감각 뉴런, 대뇌의 피질 사이를 연결하는 연합 뉴런, 감각 뉴런과는 반대로 뇌나 척수에서 일어난 흥분을 근육 등 운동 기관에 전달하는 운동 뉴런의 세 종류가 있다.
배 수정란이 분열을 시작한 때부터 태아가 되기 전까지의 상태. 발생의 초기 단계에 해당한다.

되었다. 이 독특한 뇌의 구조와 복잡한 울음소리의 습득과 발성 메커니즘, 그리고 성공적인 진화 사이에 숨겨진 연결 고리가 존재하지 않을까? 명금류의 뇌 구조와 울음소리의 생물학적 기능 사이에는 어떤 관계가 있을까?

우리는 이 흥미로운 질문들에 대한 해답을 아직 찾지 못했다. 그러나 자연에서 뜻밖의 우연이 존재하는 경우는 드물다. 따라서 명금류의 성공적인 진화(종 수의 측면에서)가 부분적으로 그 의사소통 능력과 관련 있을 것이라는 주장은 설득력이 있다. 많은 학자들이 인간의 독보적인 진화적 성공을 언어의 출현과 연관 짓는 데 주저하지 않는다는 사실에 비추어 봤을 때 더욱 그렇다.

새는 왜 울까? 지금까지 우리는 이 의문의 껍질을 하나씩 벗겨 나가며 논리적인 설명들을 도출해 냈다. 그러나 아직까지도 수컷의 울음소리가 지닌 선율적 특징 등은 설명되지 않은 채 남아 있다. 이 풀지 못한 숙제들에 대해 과연 암컷들도 우리만큼 궁금해 할까? 아니면 시큰둥해 할까?

더 읽어 볼 책들

- 니콜라스 틴버겐, 박시룡 옮김, 『동물의 사회 행동』(전파과학사, 1991)

- 최재천, 『생명이 있는 것은 다 아름답다』(효형출판, 2001)

- 리처드 도킨스, 홍영남 옮김, 『이기적 유전자』(을유문화사, 2006)

- 파올로 카살레, 윤소영 옮김, 『동물의 행동』(사계절출판사, 2004)

- 콘라트 로렌츠, 유영미 옮김, 『야생 거위와 보낸 일 년』(한문화, 2004)

옮긴이 | 정은비

한국외국어대 불어과를 졸업했으며, 파리 소르본 대학에서 유학했다. 현재 전문 번역가로 활동 중이다.

민음 바칼로레아 54

새는 왜 울까?

2판 1쇄 펴냄 2021년 3월 30일
2판 5쇄 펴냄 2024년 8월 8일

1판 1쇄 펴냄 2008년 10월 17일

지은이 | 뱅상 브르타뇰
감수자 | 유정칠
옮긴이 | 정은비
발행인 | 박근섭
펴낸곳 | ㈜민음인

출판등록 | 2009. 10. 8 (제2009-000273호)
주소 | 06027 서울 강남구 도산대로 1길 62 강남출판문화센터 5층
전화 | 영업부 515-2000 **편집부** 3446-8774 **팩시밀리** 515-2007
홈페이지 | minumin.minumsa.com

도서 파본 등의 이유로 반송이 필요할 경우에는 구매처에서 교환하시고
출판사 교환이 필요할 경우에는 아래 주소로 반송 사유를 적어 도서와 함께 보내주세요.
06027 서울 강남구 도산대로 1길 62 강남출판문화센터 6층 민음인 마케팅부

한국어판 © (주)민음인, 2008. Printed in Seoul, Korea
ISBN 979 11-5888-816-9 04000
ISBN 979 11-5888-823-7 04000(set)

㈜민음인은 민음사 출판 그룹의 자회사입니다.